Spagat

Equilibrio en pareja

A punto para
entrenar

Inversión atrás

Equilibrio en cuclillas

Practicando
con el aro

*Posición final de un
movimiento*

JÓVENES
GIMNASTAS

*Secuencia intermedia
de una rueda*

JOAN
JACKMAN

*Ejercicio en la barra de
equilibrio*

Vertical con ayuda

Un arabesco

PRÓLOGO DE
SHANNON MILLER

EDITORIAL MOLINO

*Haciendo
una V*

*Preparando un
equilibrio sobre
los hombros*

Un libro Dorling Kindersley

Dirección: Stella Love

Dirección artística: Lesley Betts

Fotografía: Ray Moller

Selección de ilustraciones: Anna Lord

Producción: Catherine Semàrk

Dirección editorial: Sophie Mitchell

Dirección artística ejecutiva: Miranda Kennedy

Traducción: Mª Ángeles Cabré

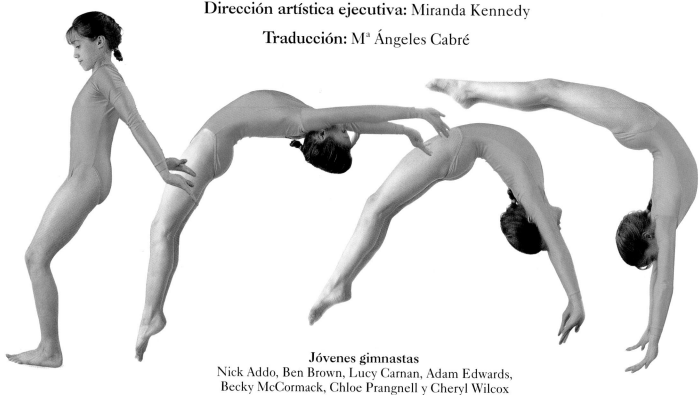

Jóvenes gimnastas
Nick Addo, Ben Brown, Lucy Carnan, Adam Edwards,
Becky McCormack, Chloe Prangnell y Cheryl Wilcox

Publicado en lengua castellana por
EDITORIAL MOLINO
Calabria 166   08015 Barcelona

Octubre 1995
ISBN: 84-272-4964-0

Sumario

A los jóvenes gimnastas

LA GIMNASIA es mucho más que un hermoso deporte espectáculo. Desarrolla los músculos, el sentido del equilibrio y la flexibilidad. Además, al mejorar tu aspecto físico, provoca una maravillosa sensación de autoestima. Si empiezas las clases o te decides a competir, tu mente y tu cuerpo se beneficiarán del ejercicio y de la disciplina. La competición tiene siempre grandes recompensas: te da confianza y fuerza para superar el miedo, y te permite viajar y conocer a muchos otros jóvenes y, además, aprendes a perfeccionar tus propias posiciones. Te parecerá que tu rendimiento escolar es mayor –incluso con menos tiempo para hacer los deberes– porque te sabes organizar mejor. ¡Pero lo más importante es que competir resulta muy divertido! Sé que disfrutarás de veras leyendo este libro, y espero que te ayude a descubrir y conocer el mundo de la gimnasia.

Shannon Miller

En los Campeonatos del Mundo
Shannon Miller con la medalla de oro que ganó cuando alcanzó el título a la mejor gimnasta de los Campeonatos del Mundo de 1993. En el mismo evento, ganó el título de aparatos individuales, en paralelas asimétricas y ejercicios de suelo.

«Es muy excitante viajar con tu equipo a una competición».

«¡Es fantástico cuando tus puntuaciones permiten al equipo alcanzar el triunfo!»

«El aprendizaje diario representa una nueva aventura, tanto mental como físicamente».

Historia de la gimnasia

GRACIAS A PINTURAS, cerámicas y otros testimonios históricos, sabemos que se practicaban diversas modalidades de gimnasia en el antiguo Egipto, Grecia y Roma. Cuando cayó el Imperio Romano, murió con él la gimnasia. Durante muchos siglos tan sólo los actores ambulantes hacían hábiles acrobacias y malabarismos. A principios del siglo XIX, el alemán Friedrich Ludwig Jahn y el sueco P. Ling comenzaron a desarrollar la moderna gimnasia.

Las anillas fueron deporte olímpico para mujeres

Acróbatas
A finales del siglo XVII, los acróbatas a menudo actuaban durante el entreacto de las obras teatrales.

Un gimnasio en 1859
En la ilustración pueden verse las formas primitivas de algunos aparatos usados hoy día, como el caballo de saltos, que no se diseñó como el actual hasta 1930. Muchos de los ejercicios realizados sirven para desarrollar los brazos y para fortalecer la espalda.

Anillas

Las espalderas se ven aún actualmente en muchos gimnasios.

Mazas y pesas

Paralelas

Un gimnasio para chicas en 1900
Las mazas y las pesas se usaban para desarrollar la fuerza y la flexibilidad de los brazos y la espalda. En general, se hacían pocos ejercicios para el resto del cuerpo.

La gimnasia hoy

En la actualidad, la gimnasia y sus diversas disciplinas son un popular deporte para jóvenes de todas las edades. Puedes escoger dedicarte sólo a la gimnasia en general, aprendiendo algunas habilidades de otras disciplinas y entrenándote sólo por diversión, o puedes especializarte en una sola de las que se exponen a continuación.

Manteniendo el equilibrio

Gimnasia artística para chicos
Se trata de una disciplina competitiva, como la gimnasia artística para chicas, pero los chicos trabajan en seis modalidades: suelo, anillas, paralelas, barra fija, caballo de saltos y caballo con arcos.

Gimnasia artística para chicas
Se trata de una disciplina competitiva en la que trabajas individualmente en cada una de las cuatro modalidades: las paralelas asimétricas, el suelo, la barra de equilibrio y el caballo de saltos.

Haciendo el puente

Equilibrio con pareja

Gimnasia rítmica
Ésta es otra disciplina para chicas. Requiere una gran fexibilidad e incluye muchos movimientos de danza que se ejecutan al tiempo que se trabaja con diferentes aparatos de mano: bastón, aro, cuerda, cinta, mazas y balón.

Practicando con aparatos de mano

Deportes acrobáticos
Chicos y chicas participan en deportes acrobáticos. Los equilibrios constituyen la mayor parte de esta disciplina, pero también contempla otras habilidades gimnásticas, tales como movimientos de danza y acrobacias.

La iniciación

LA GIMNASIA es un deporte muy emocionante. Si has disfrutado con la gimnasia en el colegio y quieres perfeccionarte, o si te has emocionado viéndola por televisión, es posible que te apetezca ingresar en una entidad donde se practique, en un gimnasio o en un club. Escoge uno que esté cerca de tu casa y apúntate a la disciplina que te gustaría practicar. Cuando empieces no necesitarás un atuendo especial. Una camiseta y unos pantalones cortos serán suficientes al principio, pero tarde o temprano necesitarás llevar el tipo de ropa que aquí se muestra. Tu entrenador te dirá cuándo precisarás un equipo especial, como los protectores de manos o calleras.

Los mallots reciben en otros idiomas el nombre de «leotardos» gracias al acróbata francés Jules Léotard, que fue el primero en llevarlos.

Camiseta sin mangas

Los mallots son elásticos y ajustados.

Asegúrate de que llevas la ropa siempre limpia y en condiciones.

Muchos gimnastas prefieren trabajar descalzos.

La ropa de las chicas

Las chicas usan mallots hechos de tejido elástico que se ajusta bien al cuerpo. Ayudan a tu entrenador a ver las figuras que haces y cómo te desenvuelves durante el entrenamiento, de manera que pueda corregirte los errores. Los mallots son especialmente adecuados para la gimnasia porque son cómodos de llevar y te permiten moverte con gran libertad.

Recomendaciones previas

Antes de incorporarte, presencia una clase de gimnasia. Comprueba si el gimnasio está limpio y los aparatos en buenas condiciones. Trata de averiguar si los entrenadores son buenos y pregunta si el gimnasio o club es miembro de alguna federación deportiva. Entérate de si te interesa participar en competiciones y ganar premios. Después, si te convence, apúntate al club y decídete a empezar.

Joyas
No lleves relojes o joyas en el gimnasio. Pueden causarte heridas y estropear los aparatos.

La ropa de los chicos

En los entrenamientos, los chicos llevan unos pantalones cortos y una camiseta sin mangas. En las competiciones, pueden llevar pantalones cortos en los ejercicios de suelo y en los saltos, pero en las demás modalidades deben llevar pantalones largos.

Abrígate

Necesitarás un chándal o ropa similar para llevar durante el calentamiento y durante el entrenamiento si hace frío.

Chándal

Hay gimnasios y clubes que facilitan a sus alumnos chándales y mallots con sus colores.

A punto para empezar

Prepara tu equipo cuidadosamente para llegar siempre al gimnasio con todo lo que necesitas.

Pelo

Debes llevar el pelo limpio y bien peinado, sin que se te caiga sobre los ojos. Si tienes el pelo largo, recógetelo hacia atrás o hazte una trenza para que no te moleste a ti ni a tu entrenador.

Callera para chico

Un pequeño resalte metálico en los protectores ayuda a los chicos a agarrarse a la barra fija.

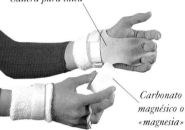

Callera para chica

Calleras

Generalmente los gimnastas usan protectores de manos de cuero, o calleras, para trabajar en las barras y en las anillas. Las calleras evitan que se hagan ampollas y ayudan en los movimientos giratorios y de balanceo.

Carbonato magnésico o «magnesia»

Carbonato magnésico

Muchos gimnastas se friegan las manos y pies con este polvo. Evita que las manos se humedezcan con el sudor e impide que los pies resbalen en las colchonetas.

Calentamiento

Cada sesión debe empezar con un calentamiento. Se trata de una serie de ejercicios destinados a acelerar los latidos del corazón, aumentar el ritmo respiratorio, desentumecer los músculos y las articulaciones, evitar entumecimientos y lesiones. El calentemiento te permitirá estar a punto para trabajar.

Las muñecas y dedos trabajan mucho. Haz ejercicios especiales de calentamiento para ellos.

Existen ejercicios para cada una de las partes del cuerpo.

Entrenamiento de chicos y chicas

En las primeras fases del entrenamiento, chicos y chicas aprenden algunas de la habilidades básicas y usan más o menos el mismo equipo. Algunos de los aparatos utilizados por los chicos requieren mucha fuerza y sólo pueden empezar a especializarse en ellos cuando son mayores y robustos. Las chicas deben ser fuertes y flexibles también, pero pueden ejecutar series sencillas en sus aparatos a temprana edad.

Ejercicios de calentamiento

Los ejercicios que se realizan en el calentamiento suelen incluir cada una de las partes del cuerpo. Deberás practicar algunos en casa, pues te ayudarán a hacerte flexible y fuerte.

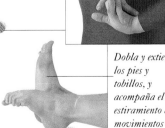

Dobla y extiende los pies y tobillos, y acompaña el estiramiento con movimientos circulares.

Aparatos gimnásticos

LOS APARATOS de gimnasia artística han cambiado mucho a través de los años. En sus primeros tiempos no se ajustaban a ningún reglamento. Hace unos cincuenta años, los aparatos se adecuaron a unas normas para que pudieran ser utilizados en las Olimpíadas y en los Campeonatos del Mundo. Desde entonces, los aparatos han sido constantemente perfeccionados y modernizados. Los nuevos materiales empleados, así como los progresos en el entrenamiento, han ayudado a hacer posible la espectacular gimnasia que contemplas hoy día. Puedes observar algunos de estos aparatos en tu gimnasio, pero antes de que estés a punto para usarlos deberás dominar algunas habilidades básicas y aumentar tu fuerza, resistencia y flexibilidad.

Marcado electrónico

Paralelas asimétricas

Corredor de aceleración para saltos

Anillas

Las anillas se usan sólo en la gimnasia masculina, pero hasta hace 40 años las mujeres también las usaban. Las anillas modernas tienen 18 cm de diámetro y están suspendidas a 275 cm del suelo. En la foto, el canadiense Travis Romagnoli demuestra la fuerza y el control necesario para hacer ejercicios en las anillas.

Caballo con arcos

El caballo con arcos tiene 160 cm de longitud por 120 cm de altura y se usa sólo en gimnasia masculina. En la foto puede verse en acción al ucraniano Vitaly Marinich. Se mueve sobre el caballo, sosteniéndose con las manos y haciendo movimientos de balanceo con las piernas y el cuerpo.

Paralelas

Se trata de uno de los aparatos para hombres. El gimnasta se mueve sobre y entre las barras de madera con las manos, o sobre un brazo, como en este giro Diamidov realizado por el bieloruso Andrei Kan.

Caballo de saltos

El caballo de saltos es usado tanto por hombres como por mujeres. Tiene 160 cm de longitud, 35 cm de anchura y su altura puede graduarse. La parte superior está ligeramente acolchada y cubierta de cuero o de algún otro material no resbaladizo.

Las mujeres usan el caballo de saltos a una altura de 120 cm y los hombres de 135 cm.

Barra de equilibrio

Un ejercicio en esta barra tiene una duración de entre 70 y 90 segundos, y es ejecutado tan sólo por mujeres. La barra de equilibrio tiene 500 cm de longitud por sólo 13 cm de anchura. Su altura puede graduarse, pero para competiciones se coloca a 120 cm del suelo. l superficie que rodea la barra está acolchada para amortiguar la caída de la gimnasta si ésta se cae.

Suelo

Los ejercicios de suelo tienen lugar en un cuadrado mullido de 12 metros de lado, llamado pista de manos libres o practicable. En los márgenes hay una línea blanca de demarcación y están rodeados de un borde de seguridad.

Barra de equilibrio

Paralelas

Suelo

Pista de competición

Pista que se coloca en la mayoría de las competiciones de gimnasia artística. Cada aparato está rodeado de colchonetas de seguridad. Las mesas de los jueces están colocadas donde éstos puedan tener una buena visibilidad. Los jueces puntúan cada ejercicio a través de un marcador electrónico y los puntos se registran en un ordenador central.

Anillas

Cubo con carbonato magnésico

Colchoneta de seguridad

Ordenador central

Caballo de saltos

Paralelas asimétricas

La china Fan Di realiza una tradicional entrada en las paralelas asimétricas. Sólo las mujeres las usan. Un ejercicio que debe incluir vuelos, rotaciones y cambios de barras (de inferior a superior y viceversa), y de ambas manos. Una gimnasta adelantada deberá incorporar movimientos sueltos y enlazados, soltarse y realizar movimientos en el aire, asiéndose de nuevo a la barra.

Barra fija

El ucraniano Valeri Liukin realiza ejercicios en la barra fija. La barra tiene 240 cm de longitud y es usada sólo por hombres. Se levanta a 275 cm del suelo y, para empezar un ejercicio, el entrenador del gimnasta debe auparlo. Buena parte de los ejercicios son similares a los que ejecutan las mujeres en las paralelas asimétricas e incluyen espectaculares círculos alrededor de la barra y movimientos de soltarla y cogerla de nuevo.

Trampolín

Aparato que te ayudará a alcanzar mayor altura y rotación en tu salto. Se usa también para subir a otros aparatos, como la barra fija o las paralelas asimétricas. Tiene 120 cm de largo y se levanta a unos 18 cm del suelo.

Puedes graduar la altura de la mayoría de los aparatos.

Haciendo figuras

LAS FIGURAS que puedes hacer con el cuerpo son la esencia de la gimnasia. Ya sea en el suelo, en las paralelas, en la barra de equilibrio o en el aire, cada movimiento gimnástico exige realizar ciertas figuras. Es la habilidad de moverse de una figura a otra la que hace que la gimnasia sea tan emocionante. Es por tanto importante que aprendas a usar todo el cuerpo y entiendas la figura que vas a intentar realizar. Después, cuando tu cuerpo se vuelva más fuerte y más flexible, serás capaz de perfeccionar las figuras que hayas aprendido.

Arrodillándose sobre una pierna

Esta figura se puede utilizar como equilibrio en el suelo o en la barra. Asegúrate de que la pierna levantada está bien estirada y la cabeza alta.

Puedes modificar esta figura cambiando la posición de la pierna levantada o sosteniéndote sobre un brazo.

Arco frontal

Figura básica, pero es importante aprenderla, ya que es un movimiento que requiere fuerza con el que podrás mejorar tu postura y que te ayudará a hacer otros muchos movimientos.

Estírate de espaldas y levanta del suelo los brazos, la espalda y las piernas.

Presiona la parte inferior de la espalda contra el suelo.

Arco dorsal

Es parecido al arco frontal, pero al revés. Estírate boca abajo y tensa los músculos de los glúteos al tiempo que levantas al máximo las manos, brazos, torso y piernas. Mantén la cabeza erguida entre los brazos y asegúrate de que tienes las piernas rectas.

Extiende al máximo los brazos y las piernas.

Necesitarás mucha práctica para hacer el puente realmente bien, al igual que para tener una espalda flexible.

Spagat de frente

Necesitarás mucha práctica para hacer esta figura. Empieza por sentarte con las piernas estiradas y separadas delante de ti y trata de colocarlas un poco más hacia atrás cada vez que intentes hacerlo.

Mantén los brazos extendidos horizontalmente y levántalos a continuación.

No tuerzas las rodillas hacia dentro.

Debes mantener la cabeza entre los brazos, de modo que no trates de tensar la barbilla hacia arriba.

Aumentando la flexiblidad

Para poner tu cuerpo en forma y convertirte en competente gimnasta necesitarás años de práctica. Tu flexibilidad aumentará con el entrenamiento y estarás a punto para ampliar la gama de figuras que eres capaz de hacer y dominarlas a la perfección. En la foto, la china Hui Lan muestra la flexibilidad de su espalda.

Apoyo dorsal

Ésta es una posición que cuesta mantener. Los brazos deben estar estirados y casi perpendiculares a la espalda. Tensa el estómago y coloca los músculos de manera que el cuerpo dibuje una línea recta desde la cabeza hasta los pies.

Asegúrate de que ambas manos están en la misma posición.

Ten paciencia

No fuerces tu cuerpo en ninguna posición que pueda lesionarte o causarte tirones. Ten paciencia. Con la práctica tu cuerpo se hará más flexible y conseguirás hacer muchas de las figuras que aquí se muestran.

Apoyo frontal

Como el apoyo dorsal, esta figura exige que el cuerpo dibuje una línea recta. Asegúrate de que mantienes los brazos estirados y separados a la anchura de los hombros.

Los dedos de las manos deben estar lo más separados posible de los de los pies.

Estira las piernas de manera que se inclinen desde las caderas hasta el suelo en línea recta.

Desde esta posición podrás impulsar las piernas hacia arriba, una detrás de otra, para volver a ponerte en pie en un movimiento llamado remontado.

Mantén los pies y las piernas juntos.

Figuras en el aire

Asegúrate de que sabes exactamente qué figura vas a tratar de realizar para poder seguir cada fase del movimiento. En la foto, la británica Annika Reeder ejecuta una dramática figura en la que da un gran salto en el aire.

Puente

Para hacer el puente, empieza por estirarte de espaldas con las rodillas levantadas hacia arriba y las plantas de los pies en el suelo cerca del trasero. Levanta los codos y coloca las manos en el suelo a ambos lados de la cabeza. Los dedos deben estar lo más cerca posible de los pies y la parte interior de los codos mirando hacia afuera. Arquéate hacia arriba con fuerza con las manos y los pies para levantar el cuerpo hasta esta posición y estira las piernas.

Mantén las plantas de los pies en el suelo.

15

Volteretas

HACER VOLTERETAS es una habilidad gimnástica básica que puede usarse de diversas maneras. En una voltereta, el peso del cuerpo se traslada de una parte del mismo a otra haciendo que los movimientos de balanceo sirvan para enlazar unas con otras gran variedad de figuras y habilidades. En el suelo, una voltereta pude ser por sí misma una figura sencilla muy atractiva. Y dado que las volteretas pueden ser rápidas o lentas, pueden utilizarse para cambiar el ritmo de un ejercicio. Si ves gimnasia en la televisión, podrás contemplar creativas volteretas en todas las disciplinas gimnásticas.

Voltereta horizontal

La voltereta horizontal es un útil movimiento que consiste en rodar suavemente desde la parte delantera hasta la espalda. A medida que ruedas, tu peso corporal debe pasar de una parte del cuerpo a otra de una manera controlada y cada figura debe ejecutarse con nitidez.

Mantén los brazos separados.

Levanta las piernas y manténlas juntas.

1 Iníciala con un arco y empieza a rodar en esta posición. No dejes de mantener el cuerpo en tensión y extiende completamente los brazos y las piernas.

2 En esta posición tu cuerpo debe estar en línea recta, con los músculos del estómago y de los glúteos tensos y la cabeza entre los brazos. Continúa rodando.

3 Desde ésta posición, rueda sobre la espalda haciendo un arco frontal y, con los brazos y las piernas levantadas del suelo, presiona la espalda contra el suelo.

No dejes ir las piernas ni que se doblen tus brazos.

2 Cuando ruedes, apoya el codo derecho y toca el suelo con el hombro del mismo lado. Rueda sobre este hombro, levantando el trasero del suelo. Después, continúa rodando de una parte a otra de tu espalda desde el hombro derecho hasta el hombro izquierdo.

Según sea la flexibilidad de tu cuerpo, serás capaz de cogerte las piernas por debajo de las rodillas o incluso por los tobillos.

1 Empieza sentándote con las piernas separadas. Coloca las manos en las rodillas y tensa las piernas. Sin cambiar la posición, empieza a inclinarte hacia el lado derecho.

En esta posición, mantén la espalda recta y la cabeza erguida.

Voltereta circular

El círculo o «voltereta del osito» es una divertida voltereta que empieza y acaba en la misma posición, pero mirando en la dirección opuesta. Si trabajas con un compañero o en un grupo de cuatro personas, puedes hacer interesantes figuras y dibujos.

Voltereta hacia delante

La figura de la voltereta hacia delante se usa en muchos movimientos gimnásticos, por lo que es importante aprenderla correctamente desde el principio. Es mucho más duro corregir una mala técnica cuando se ha convertido en una costumbre.

Usa los brazos para mantener el equilibrio.

Rueda sobre la parte posterior de la cabeza y el cuello.

Date impulso con las manos para levantarte sobre los pies.

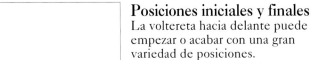

1 Equilibrio sobre las puntas en una impecable posición en cuclillas.

2 Pon las manos en el suelo, después la cabeza y empieza a rodar.

3 Un fuerte empujón con los pies hará que tu cuerpo ruede hacia delante.

4 Extiende los brazos para ayudarte a volver a la posición en cuclillas.

Posiciones iniciales y finales

La voltereta hacia delante puede empezar o acabar con una gran variedad de posiciones.

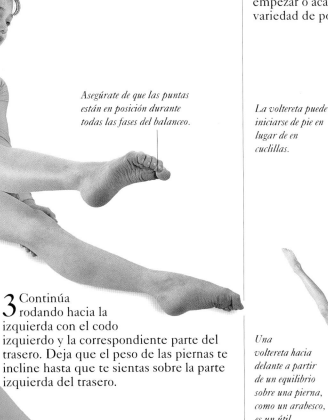

Cuando ruedes sobre la espalda, el peso de las piernas en el aire te ayudará.

Asegúrate de que las puntas están en posición durante todas las fases del balanceo.

3 Continúa rodando hacia la izquierda con el codo izquierdo y la correspondiente parte del trasero. Deja que el peso de las piernas te incline hasta que te sientas sobre la parte izquierda del trasero.

4 Para finalizar, rueda sobre el trasero volviendo a poner la pierna derecha en el suelo. Deberás acabar el ejercicio sentándote con las piernas separadas, como empezaste, pero mirando hacia la dirección opuesta.

La voltereta puede iniciarse de pie en lugar de en cuclillas.

Practica cómo ponerte en pie al final de la voltereta sin usar las manos para levantarte.

Una voltereta hacia delante a partir de un equilibrio sobre una pierna, como un arabesco, es un útil movimiento de enlace en el suelo o en la barra de equilibrio.

Haz la voltereta ayudándote de la parte posterior de la cabeza.

Estira la pierna de apoyo.

Relaja los hombros.

No gires las caderas.

Una rotunda posición final puede hacer de la voltereta un movimiento efectivo en una serie sencilla.

Volteretas hacia atrás

A PARTIR DE LA SENCILLA figura de una voltereta
hacia atrás se desarrollan otros muchos movimientos. La
posición agrupada, tanto en la voltereta hacia atrás como en
la voltereta hacia delante, es la base del salto mortal. Tendrás
que trabajar en el movimiento en el suelo, bien en la
posición agrupada, bien fuera de ella, antes de que empieces
a aprender un sencillo salto mortal o para lanzarte a lograr un
salto complicado. Las volteretas hacia atrás son habilidades
básicas que deben dominarse, pero al igual que otros
movimientos que se realizan hacia atrás, es probable que te
resulten más difíciles de aprender al principio que
movimientos que se llevan a cabo hacia delante.

Cómo hacer una voltereta hacia atrás

La voltereta hacia atrás necesita que se tenga suficiente
velocidad y fuerza para llevar el movimiento hasta el final.
Inclinarte hacia la posición agrupada te hará empezar la
voltereta, plegarte en círculo sobre tu espalda te
ayudará a mantener el movimiento y un fuerte
empujón con las manos hará que acabes la
voltereta irguiendo la espalda y levantándote
sobre los pies.

Voltereta en una superficie inclinada

Una superficie inclinada puede ayudarte a
aprender nuevas habilidades. En la
voltereta hacia atrás te ayuda a levantar los
pies. Dicha superficie puede emplearse
también en sesiones de entrenamientos
destinadas a aumentar tu fuerza y
resistencia.

*Mantén las rodillas y los pies
juntos y usa los músculos del
estómago para levantar
las piernas.*

*Flexiona los
dedos depués
de abrir los
empeines.*

*Inclina l[a]
barbilla sobr[e]
el pecho[.]*

*Una cuña de espuma o un trampolín cubierto con una
colchoneta son adecuados para practicar la voltereta en
una superficie inclinada.*

*Empieza con la cabeza
alta y los ojos
mirando hacia
delante.*

*Usa los brazos para
ayudarte en el equilibrio,*

*Debes mantener los
pies juntos y las
puntas en posición.*

2 Encorva la espalda de manera
que te enrolles desde el trasero
hasta los hombros. Dobla los
codos y colócalos mirando al techo
para poner las manos en el suelo a
ambos lados de la cabeza.

*Mantén los codos altos y pegados
a las rodillas. No dejes que toquen
el suelo.*

1 Empieza con un buena posición de
equilibrio en cuclillas con las rodillas juntas
y la espalda derecha. Para empezar el
movimiento, deja caer los talones al suelo de
manera que te desequilibres y empieza la
voltereta apoyando el trasero en el suelo.

*Mantén las
rodillas juntas.*

*Para empezar la
voltereta, deja caer
los talones al suelo.*

Posiciones iniciales y finales

Como la voltereta hacia delante, la voltereta hacia atrás puede empezar o acabar con diferentes posiciones, que además sirven de útiles movimientos de enlace. Para acabar arrodillándote sobre una sola rodilla, estira una pierna hacia atrás en cuanto acabes la voltereta. La posición erguida con las piernas separadas puede servir tanto para empezar como para acabar la voltereta. Te puede resultar divertido experimentar con otras posiciones iniciales y finales.

Mantén la cabeza alta.

Estira la pierna hacia atrás.

De pie, mantén la espalda recta y paralela al suelo y las piernas estiradas y separadas.

La superficie inclinada te ayuda a levantar las caderas y a notar tu peso en movimiento sobre las manos.

Aprende a darte un fuerte impulso con las manos y los brazos al tiempo que bajas los pies hasta el suelo.

Mantén la barbilla sobre el pecho mientras haces que la parte posterior de la cabeza aguante tu peso.

La posición final puede hacerse en el suelo.

Posición de las manos

El impulso dado con las manos es la fase clave de la voltereta. Asegúrate de que colocas las manos correctamente.

Pon las palmas de las manos en el suelo y coloca los dedos junto a los hombros.

Plegarse

Inclina la barbilla sobre el pecho cuando empieces la voltereta, tanto hacia delante como hacia atrás.

Relaja los hombros y trata de no encorvarlos mientras sostienes el equilibrio final.

3 Impúlsate con fuerza desde el suelo y empieza a estirar los brazos. Esto te levantará las caderas de modo que el cuerpo pueda girar sobre la cabeza y los pies regresen al suelo.

Las rodillas no deben tocar el suelo.

4 El impulso desde el suelo, al tiempo que estiras los brazos, debe ser lo suficientemente fuerte para llevarte a la fase final de la voltereta y permitirte erguirte de nuevo sobre los pies.

Acaba sobre las puntas.

Equilibrios

EL EQUILIBRIO es una figura que se ejecuta
sosteniéndote sobre una parte del cuerpo. En el
equilibrio es imprescindible una buena postura. Para
mantener un momento la inmovilidad, es indispensable
estar tranquilo y saber controlar tus músculos. Un buen
equilibrio debe demostrar esfuerzo y aplomo, además
de una definida línea del cuerpo. Así pues, si estás
manteniendo una sencilla figura o un difícil equilibrio,
sé consciente de todo tu cuerpo, desde la expresión de
la cara hasta la punta de los dedos de los pies.

Barra de equilibrio
Shannon Miller se
mantiene en un
perfecto equilibrio
sobre una pierna y con
la otra pierna levantada
y preparada para el
próximo movimiento.
Cada figura ayuda a
completar un
ejercicio brillante en
la barra de equilibrio.

Sobre un pie

*Usa los brazos para
mantener el
equilibrio.*

1 Uno de los equilibrios más
sencillos sobre una parte
pequeña del cuerpo es el que se
realiza sobre un pie. Permanece
en una buena postura y levanta
una pierna hacia delante
doblando la rodilla.

2 Mueve la pierna
levantada hacia un
lado, manteniendo la
rodilla doblada y el pie
descansando sobre la
pierna de apoyo.

*No gires las
caderas.*

3 Estira y levanta la
pierna libre hasta
lograr una buena
posición de equilibrio.

*Irguiéndote sobre la punta
del pie o levantando la
pierna libre lograrás que
este equilibrio sea mucho
más difícil.*

Equilibrio en V

1 Al inicio parece sencillo,
pero se hace más
complicado cuando se
levantan las piernas y los
brazos. Empieza por
sentarte con las manos
y las puntas de los
pies apoyadas en
el suelo.

*Mira hacia
las puntas de
los pies.*

2 Estira las
piernas hacia
arriba delante de
ti y usa las manos
para sostenerte.

*No curves
la espalda.*

3 Para
finalizar,
levanta los
brazos hacia arriba
hasta completar la
figura de una V.

*Sólo debe estar en el
suelo una pequeña parte
de tu trasero.*

Equilibrio sobre los hombros

*Mantén la posición estirado boca arriba hasta
que inicies el equilibrio sobre los hombros.*

*Para sostenerte,
presiona hacia
abajo con los dedos*

1 Para empezar, estírate de espaldas
con las palmas de las manos
apoyadas en el suelo.

2 Dobla las piernas hacia el pecho.
Presiona con las manos y levanta
las caderas del suelo.

3 Estira las piernas hacia arriba
impulsa el cuerpo arriba para
mantener el equilibrio.

Arabescos

Un arabesco es un elegante equilibrio sobre una sola pierna y con la otra y levantada hacia atrás, y los brazos armonizando con elegancia. En sus muchas variantes, se utiliza con frecuencia en la gimnasia femenina. Los arabescos se pueden realizar con la pierna delantera recta o doblada, y la otra puede estar baja, elevada o encogida, pero en cualquiera de los casos la cabeza y el cuerpo deben dibujar una línea atractiva.

Primeros arabescos
Cuando empiezas a practicar arabescos, difícilmente se está preparado para levantar la pierna muy arriba. Es más importante concentrarse en dibujar una bonita figura con el cuerpo.

Iniciando un arabesco
Con la práctica podrás prepararte para empezar un arabesco desde otro movimiento.

Arabescos con pierna de apoyo
Necesitarás ser flexible y fuerte para mantener la posición de un arabesco como éste.

Sujeta por la rodilla la pierna levantada.

Mantén la mirada en la línea del brazo.

Gira la palma de la mano hacia abajo.

1 Desde una firme postura sobre una pierna, cógete la rodilla de la pierna levantada con una mano. Manteniendo la rodilla doblada, mueve la pierna hasta colocarla detrás tuyo.

2 Sostén la pierna levantada mientras la estiras hacia atrás y la inclinas hacia delante. Al tiempo que haces esto, estira el otro brazo hacia delante.

Este brazo sigue la línea dibujada por la pierna levantada.

Mantén la espalda arqueada y los hombros y la cabeza altos.

Levanta la pierna tan alto como puedas hacerlo cómodamente, sin girar las caderas o perder el equilibrio.

Intenta enlazar las distintas fases con un movimiento continuo desde el principio hasta el avance, la posición y el mantenimiento de la figura.

Dobla la rodilla delantera.

Asegúrate de que el pie de apoyo no se gira hacia dentro.

Posición de los brazos
La posición de los brazos en un arabesco puede variar. Ambos brazos pueden sostenerse altos o lejos de los costados, o un brazo hacia delante y otro hacia atrás. Cualquiera que sea la posición que elijas, la línea de los brazos debe configurar un arabesco estilizado y elegante.

1 Empieza en posición de equilibrio con los brazos levantados, las piernas derechas y los pies juntos. Estira todo el cuerpo.

2 Da un paso largo, doblando la rodilla de la pierna delantera. Coloca los brazos hacia abajo en un suave y controlado movimiento.

3 Inclina tu peso hacia delante sobre la pierna de apoyo y estira esta pierna al tiempo que levantas la otra hacia atrás.

Verticales

MANTENERSE sobre la cabeza o las manos en un equilibrio vertical es una habilidad básica empleada tanto en la gimnasia masculina como en la femenina. Si ves gimnasia, no tardarás en contemplar verticales (también llamadas pinos) que se ejecutan de todos los modos posibles y con una gran variedad de posiciones de piernas. Dado que se usan de muchas maneras, probablemente podrás empezar aprendiendo estas habilidades al comienzo de tu entrenamiento. En primer lugar, necesitarás ayuda de tu entrenador para ejecutar y dominar estos equilibrios. Después, podrás desarrollarlos sin ayuda, cambiando la posición de las piernas o enlazándolos con otros movimientos.

Vertical de cabeza agrupada

Esta vertical empieza estando doblado. Coloca la cabeza y las manos en una colchoneta y mueve los pies hasta colocar las caderas sobre la cabeza. Con las rodillas dobladas, estira los pies hacia arriba. Cuando seas capaz de mantener el equilibrio, intenta estirar las piernas hasta conseguir una buena figura.

Levanta las caderas.

Mantén los codos doblados.

Mantente en equilibrio sobre la frente, donde empieza el nacimiento del cabello, no sobre la parte superior de la cabeza.

Estira la pierna posterior cuando la levantes.

Vertical en asimétricas

El pino o vertical se precisa para dar vueltas y círculos en las paralelas asimétricas, como aquí lo ejecuta la ucraniana Tatiana Gutsu.

Coloca la cabeza entre los brazos.

Mantén el cuerpo erguido.

Estira los brazos hacia arriba, con los hombros hacia atrás.

Vertical con ayuda

Podrás ver realizada esta figura en el suelo, barra fija, paralelas asimétricas, barra de equilibrio, anillas y en el caballo de saltos. Pero antes de que puedas hacerlo, junto con otras habilidades, debes aprender a mantenerte en un equilibrio perfecto. Practica con la ayuda de tu entrenador o de otro gimnasta hasta que puedas hacer una vertical sin ayuda y en equilibrio.

Un compañero puede ayudarte cuando hagas la vertical sosteniéndote con firmeza a la altura de las caderas.

Date un buen impulso con el pie posterior para llevarlo hacia delante.

Flexiona la rodilla delantera para apoyarte.

1 En primer lugar, deberás empezar la vertical estando en pie. Con los brazos estirados alrededor de la cabeza, da un largo paso hacia delante y mira hacia el lugar exacto del suelo donde vas a colocar las manos.

2 Cuando tus manos vayan hacia el suelo, lanza hacia atrás la pierna posterior y date impulso con la pierna delantera sin flexionarla. El ascenso de la pierna posterior, combinado con el empujón de la pierna delantera, elevarán esta pierna del suelo.

Date un fuerte impulso con la pierna y el pie delanteros.

Posición de cabeza y manos
Haz un triángulo con la cabeza y las manos. Coloca éstas a la anchura de los hombros y separa los dedos.

Reparto del peso
Reparte tu peso equitativamente entre la cabeza y las manos.

Vertical de cabeza con piernas estiradas
Hacer esta vertical es un movimiento más complicado. Empieza por arrodillarte y colocar la cabeza y las manos en la colchoneta.

Estira las piernas para levantar las caderas. Empieza por acercar los pies hacia las manos.

Mantén las piernas estiradas y levántalas hasta que estén paralelas al suelo.

Levanta las piernas hasta la posición vertical de cabeza.

Para sostenerte, mantén los dedos con firmeza en el suelo.

Cuando alcances la vertical, tu compañero pasará a sostenerte por los tobillos.

Tu compañero puede ayudarte a corregir la posición del cuerpo.

3 Cuando subas la segunda pierna, junta las dos y estira los empeines. Debes intentar que la espalda, caderas, rodillas, manos y tobillos estén alineados.

Ayuda
Empieza a sostener a tu compañero cuando esté levantando las piernas. No te inclines hacia atrás.

Tensa los músculos del estómago y los de las nalgas.

No dejes que se te cuerve la espalda.

Mira hacia tus manos.

Coloca las manos en el suelo a la anchura de los hombros.

Separa los dedos y agárrate al suelo para ayudarte a mantener el equilibrio.

Ruedas y rondadas

LA RUEDA y la rondada empiezan de una manera similar. Los dos son movimientos rotatorios ejecutados sobre las manos con las piernas en alto. Ambos movimientos se pueden llevar a cabo individualmente y así es como deberás aprender a realizarlos. Generalmente, van enlazados con otros movimientos como los saltos y los vuelos. Es posible que previamente hayas hecho ruedas por diversión, pero para los gimnastas las ruedas y las rondadas son habilidades concretas y útiles. Con la práctica estarás preparado para controlar las ruedas y para emplear la velocidad y la energía de las rondadas.

Rueda en la barra de equilibrio
Es imprescindible que las ruedas se realicen en línea recta con mucha precisión en la posición de los pies. Una rueda en la barra de equilibrio puede emplearse para salir de un ejercicio sobre las manos.

Cómo hacer una rueda

Una buena rueda se ejecuta en línea recta. Con el tiempo las harás colocando en el suelo una sola mano e incluso sin manos. Pero antes debes aprender la rueda sencilla. Se puede comenzar en diferentes posiciones. En la foto se comienza mirando en la dirección en que vas a avanzar.

Levanta alta la pierna y estírala.

En línea recta
El dibujo que hacen tus manos y pies debe ser: mano, mano, pie y pie en línea recta en el suelo. Intenta recorrer la máxima distancia que puedas.

Mantén el cuerpo estirado de manera que las piernas pasen en seguida por encima de las manos.

Estira el cuerpo hacia arriba.

Extiende tu segundo brazo hacia delante de modo que se coloque más allá del primero.

Da un paso con la pierna levantada.

Endereza esta pierna al tiempo que tu primera mano llega al suelo.

1 Mira en la dirección en que vayas a moverte. Empieza derecho y estira los brazos por encima de la cabeza. Levanta alto una pierna, estírala delante tuyo y da un paso.

Gira las manos hacia fuera.

2 Coloca inclinada una mano en el suelo. Date impulso con la pierna posterior para inclinarte sobre la mano y estira la pierna de apoyo al tiempo que la impulsas hacia arriba.

La rondada

Es un movimiento que se usa para dar velocidad a una serie, antes de un salto o de otra agilidad. Empieza como una rueda, pero incluye un giro de 180° y las piernas se moverán juntas, de manera que acabarás sobre los dos pies mirando hacia el lado opuesto.

Estírate y mira hacia delante.

Manos en el suelo
Pon la segunda mano en el suelo, pero no en línea con la primera mano.

Levanta las piernas igual que en la rueda.

Empieza ya a girar las manos.

Mueve las piernas juntas en el aire.

Date impulso con las manos.

Mueve las manos hacia arriba para controlar el contacto con el suelo.

Cae sobre los dos pies al mismo tiempo.

1 Mira en la dirección en que vayas a moverte. Avanza hacia delante y salta sobre las manos, colocando una detrás de la otra.

2 Cuando hayas puesto la primera mano en el suelo, date impulso con la pierna trasera. Levanta la otra pierna y júntalas.

3 Un fuerte impulso con las manos te ayudará a bajar las piernas de manera que te poses en el suelo sobre los dos pies.

Mantén las piernas separadas mientras dure la posición de manos.

Mantén las piernas separadas.

Mantén las rodillas sin doblar y abre los empeines.

Mantén los brazos en posición horizontal y los hombros hacia atrás.

3 Coloca la otra mano en el suelo alineada con la primera. A medida que levantes las piernas, debes girar las manos hacia un lado hasta llegar a la posición correcta.

Las manos deben estar en el suelo separadas a la anchura de los hombros.

Extiende la pierna delantera hasta el suelo.

Acaba la rueda en pie con la posición perpendicular inicial y con los pies separados.

4 Desde la posición de manos, empieza a girar. Date impulso con la primera mano y baja la pierna hacia el suelo, en línea recta con las dos manos.

Date impulso para rodar hacia los pies.

5 Un fuerte impulso con la mano, simultáneo al movimiento de las piernas hacia abajo, una detrás de la otra, te devolverá a la posición inicial.

Acaba con una erguida posición inicial.

Flic-flacs e inversiones

Inversión atrás

La inversión se usa generalmente e combinación con otros movimientos puede realizarse rápida o lentament

Llega al suelo.

A MEDIDA QUE progreses en el entrenamiento, empezarás a aprender otros movimientos más complicados. Te resultará útil todo el trabajo que hayas llevado a cabo hasta entonces. Al principio, la idea de inclinarte hacia atrás y sostenerte sobre las manos puede ofrecerte cierto respeto. Los movimientos hacia atrás como los remontados y los flic-flacs son difíciles de aprender, pero son movimientos esenciales si quieres seguir perfeccionando tus habilidades gimnásticas. Con la ayuda de tu entrenador, después de aprender la fase preparatoria, acabarás viéndolas como excitantes habilidades que deberás dominar un día.

Extiende la primera pierna.

Date impulso con este pie.

1 Empieza con la primera pierna levantada y mueve los brazos hacia atrás, con la cabeza inclinada entre ellos y arqueando la espalda.

2 Levanta una pierna y, cuando las manos lleguen al suelo, impúlsa con la pierna de apoyo.

Cómo hacer un flic-flac

Jamás intentes hacerlo sin tu entrenador. Todos los gimnastas aspiran a ejecutarlo, pero se trata de un movimiento difícil y antes hay muchas otras habilidades preliminares que debes aprender. El flic-flac se usa a menudo para dar velocidad al próximo movimiento, como un salto mortal.

Primeros flic-flacs
En primer lugar, deberán enseñarte el flic-flac desde una posición inicial hasta acabar sobre los dos pies. Después, podrás aprender a hacerlo desde un remontado o una rondada.

Levanta los brazos por encima de la cabeza.

Estira las piernas.

Habilidades preliminares
No intentes hacer el flic-flac antes de dominar todas las habilidades preliminares y sin que tu entrenador esté presente para ayudarte.

Flexiona las rodillas.

Date un fuerte impulso con las piernas y los pies.

Pon las puntas en posición y estira los empeines.

Empieza a mirar hacia el punto donde vas a tocar el suelo.

1 Empieza en la posición inicial, con los pies juntos, y flexiona las rodillas. Inclínate hacia atrás perdiendo el equilibrio, colocando los brazos detrás tuyo.

2 Salta con un fuerte impulso de los pies y las piernas, y levanta los brazos por encima de la cabeza. Estira las piernas y deja que tus caderas se levanten.

3 Deja que las piernas te impulsen el cuerpo hacia arriba y hacia atrás, pero asegúrate de que mantienes la cabeza entre los brazos cuando estés a punto de llegar al suelo.

Haz una figura con las piernas en la posición del spagat y manténlas hasta que la pierna delantera alcance el suelo.

Mantén las piernas completamente estiradas.

Una inversión a menudo va seguido de un flic-flac.

La inversión puede emplearse como una manera de introducir un spagat. Coloca entre las manos la pierna delantera y deslízala hacia delante para acabar sentada en la posición del spagat.

3 Debes mantener las piernas muy estiradas y separadas mientras te sostienes sobre las manos.

4 Mantén alta y estirada la segunda pierna mientras bajas la primera hasta el suelo. Después, sigue con la segunda pierna y completa el movimiento.

Inversión en la barra
A menudo podrás ver inversiones ejecutadas en ambas barras y en los ejercicios de suelo. La británica Lisa Grayson demuestra un perfecto control mientras realiza una inversión en la barra de equilibrio.

Mantén los pies juntos y no dejes que se te flexionen las rodillas.

No dobles las rodillas hasta que tus pies toquen el suelo.

Yérguete en una buena postura y con los brazos estirados hacia arriba.

Empieza a bajar las piernas cuando las tengas a la altura de la cabeza.

Cuando tus manos lleguen al suelo, separa los dedos ligeramente.

Date impulso con las manos

Los dos pies deben posarse en el suelo simultáneamente mientras mantienes flexionadas las dos rodillas.

4 Mantén el cuerpo arqueado cuando las manos toquen el suelo, con las piernas y la parte inferior del cuerpo conservando todavía la línea de tu vuelo.

5 Desde la posición arqueada, levanta las piernas y los pies y bájalos de golpe y juntos hasta el suelo. Mantén erguida la parte superior del cuerpo.

6 Cuando toques el suelo con los pies, flexiona las rodillas y los tobillos para amortiguar la caída. Después, levántate bien erguida.

Saltos y brincos

LOS MOVIMIENTOS de saltos y brincos son utilizados por todos los gimnastas. Generalmente, en un salto se despega y contacta con el suelo sobre los dos pies. En un brinco, se despega sobre un pie y se contacta sobre el otro al caer. Puedes llevar a cabo saltos y brincos juntos para enlazar habilidades acrobáticas o como parte de tus movimientos rítmicos en las series de suelo y barra de equilibrio. El caballo de saltos, la barra o las paralelas, exigen fuerza al saltar. Practica y te darás cuenta de que puedes hacer diversas figuras en el aire variando la posición de piernas y brazos según saltes o brinques.

Brinco de la gacela

Este brinco es un conocido y atractivo movimiento que podrás ver a menudo en los ejercicios de suelo y barra de equilibrio. Recibe este nombre por la figura que la pierna posterior hace cuando se flexiona y levanta. Puedes variar el brinco estirando la pierna delantera en el aire o levantando ambos brazos hacia arriba.

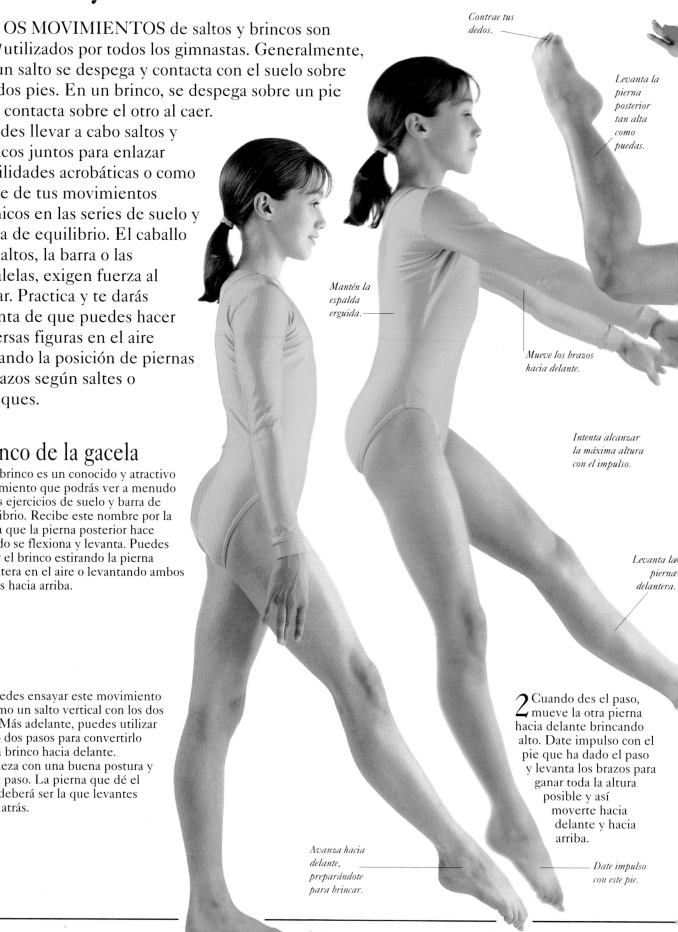

Contrae tus dedos.

Levanta la pierna posterior tan alta como puedas.

Mantén la espalda erguida.

Mueve los brazos hacia delante.

Intenta alcanzar la máxima altura con el impulso.

Levanta la pierna delantera.

Avanza hacia delante, preparándote para brincar.

Date impulso con este pie.

1 Puedes ensayar este movimiento como un salto vertical con los dos pies. Más adelante, puedes utilizar uno o dos pasos para convertirlo en un brinco hacia delante. Empieza con una buena postura y da un paso. La pierna que dé el paso deberá ser la que levantes hacia atrás.

2 Cuando des el paso, mueve la otra pierna hacia delante brincando alto. Date impulso con el pie que ha dado el paso y levanta los brazos para ganar toda la altura posible y así moverte hacia delante y hacia arriba.

Gira la cabeza ligeramente hacia el hombro delantero.

Diversas figuras

Al saltar, puedes hacer centenares de figuras en el aire. Cuanto más alto saltes, más tiempo tendrás para hacer la figura que hayas escogido. Flexiona siempre las rodillas cuando te poses en el suelo, procurando hacerlo con suavidad.

Mantén la cabeza alta y relaja los hombros.

Levanta los brazos a la altura de los hombros.

Asegúrate de que mantienes la espalda recta.

No dejes que se te giren las caderas.

Tu pierna delantera se levanta y luego desciende hasta posarse con suavidad en el suelo.

Extiende al máximo pies y empeines.

Salto carpado con piernas separadas

En el aire, abre las piernas al máximo y estíralas hacia afuera. Al mismo tiempo, inclínate hacia delante desde las caderas hasta alcanzar la posición de la foto.

Salto agrupado

Cuando saltes, flexiona las rodillas hacia arriba pegándolas al cuerpo. Ayúdate levantando los brazos para elevarte hacia arriba y no hacia delante.

Mantén la cabeza levantada.

3 Levanta alta la pierna posterior y flexiónala hacia arriba detrás de ti hasta hacer la figura de la gacela. Flexiona la rodilla delantera y mueve un brazo hacia delante y el otro hacia atrás.

Llévate las rodillas hasta el pecho.

Pósate suavemente en el suelo sobre el pie delantero.

Estira tus pies y empeines.

Salto de la estrella

En el salto de la estrella trata de hacer una figura simétrica. Debes estirar los brazos hacia fuera en el mismo ángulo que las piernas.

Estira los brazos, el cuerpo y las piernas.

Salto en extensión

La rumana Gina Gogean realiza este salto en la barra de equilibrio. El movimiento de los brazos le ha ayudado a conseguir una considerable altura en el salto y, manteniéndolos en alto, dibuja una figura que realza la sensación de altura.

Exhibe una posición de piernas bien abiertas.

Haciendo una serie

UNA VEZ HAYAS aprendido unas cuantas habilidades, puedes empezar a enlazarlas unas con otras para hacer una serie. En una competición importante, quienes practican la gimnasia artística ejecutan dos ejercicios en cada aparato. Para empezar, todos tienen que realizar los mismos ejercicios obligatorios. Después, en el ejercicio voluntario, pueden incluir algunas de sus habilidades preferidas. Cuando hagas una serie, incluye los ejercicios que puedas hacer bien y, posteriormente, trata de insertar algunos cambios de ritmo y altura para que tu trabajo sea seguido con interés.

Estira el cuerpo hacia arriba.

Date impulso con la pierna delantera hacia arriba al tiempo que empiezas la rondada.

Empieza esta secuencia preparándote para hacer una rondada.

Comienza el movimiento rotatorio con tus manos.

Figuras y enlaces
Intenta realizar nítidas figuras en cada fase de tu serie y enlaza los movimientos con suavidad.

Ejercicio femenino de suelo

Las chicas realizan los ejercicios de suelo con música. Un ejercicio dura entre 70 y 90 segundos. Parte de la habilidad de una buena exhibición reside en conjugar la música con los pasos de danza, los saltos, los brincos, los equilibrios y giros que se realizan y en la manera en que se enlazan los pasos unos con otros. La serie que aquí se reproduce incluye una serie agilidades y dos cambios de dirección.

Ejercicio masculino de suelo

Un ejercicio masculino de suelo debe estar diseñado para exhibir la resistencia y el control del gimnasta. Advertirás en las series que los chicos no trabajan con música. Por consiguiente, aunque los ejercicios de éstos deben ser artísticos, emplean saltos y elementos de fuerza en lugar de elementos de danza, como la música.

Cógete la parte interna del talón.

En competición, mantener el equilibrio debe formar parte de los ejercicios masculinos de suelo.

1 Esta serie empieza con un equilibrio en Y. Manténte así durante dos segundos.

Pon los brazos hacia atrás, preparados para lanzarlos hacia delante.

2 Baja la pierna libre y gírate para dar un paso hacia delante. Salta en picado sobre los dos pies.

Mantén las piernas juntas y estiradas.

Realiza el salto en picado tan alto y prolongado como puedas.

3 Lanza los brazos hacia delante para darte impulso y deja que las piernas se muevan hacia arriba y hacia delante para efectuar una voltereta hacia delante en picado.

Mira hacia punto en que v a colocar l man

Llega al suelo.

Voltereta en picado
Tan sólo debes ensayar la voltereta en picado en un suelo especial para hacer gimnasia o sobre colchonetas.

Levanta la segunda pierna y baja ambas piernas juntas hasta posarte en el suelo.

Junta bien las piernas.

Con la aceleración de la rondada, realiza un flic-flac.

Mira hacia el suelo.

Empieza a separar las piernas para posarte sobre un pie.

Adelanta una pierna.

Cuando llegues con las manos al suelo, mueve las piernas haciendo que una adelante a la otra.

Estira tus pies.

Si has cometido un error, acaba siempre con una sonrisa.

Al finalizar la voltereta, yérguete para empezar y acabar con equilibrio y una buena postura.

Con la barbilla sobre el pecho, dóblate en una voltereta hacia delante.

Desde una vertical, inclínate en una voltereta hacia delante.

Date impulso para hacer una vertical.

Finaliza la rueda sobre un pie, colocando la segunda pierna hacia atrás.

Date impulso con las manos.

Mantén los brazos estirados.

Posa este pie en el suelo.

6 Después, date impulso para sostenerte en una vertical.

7 Mueve las manos un cuarto de vuelta para girar el cuerpo.

8 Acaba la pirueta con una vertical mirando hacia el lado opuesto.

Pon las puntas en posición.

4 Pósate en el suelo con las manos, dobla la cabeza y rueda sobre la parte posterior del cuello.

5 Levántate sobre los pies y yérguete.

Mantén las piernas juntas.

Dóblate hacia abajo en una voltereta.

Estira los brazos hacia arriba para ayudarte a regresar a la posición inicial.

No dejes que se te curve la espalda.

Mantén el cuerpo estirado.

Aguanta tu peso con las manos.

Rueda sobre la parte posterior del cuello y sobre los hombros.

Separa los dedos y agárrate al suelo.

Gira sobre las manos.

Saltos en el caballo

EL CABALLO DE SALTOS es uno de los aparatos gimnásticos más excitantes y, en la actualidad, los grandes gimnastas realizan con él saltos de espectacular dificultad. A menudo incluyen saltos mortales y giros, e incluso despegan con un giro, de modo que el salto lo hacen hacia atrás. Cuando empieces, deberás practicar todas las fases preparatorias, empezando por ejercicios que precisen trampolín, aprendiendo a entrar y salir del caballo de saltos con eficacia.

Salida eficaz
Por seguridad, contacta siempre en el suelo sobre los dos pies cuando saltes desde cierta altura.

Estira los brazos hacia arriba.

Mantén los pies juntos, y las piernas y el cuerpo estirados.

3 Coloca las manos directamente en la parte superior del caballo. Asegúrate de que te mantienes vertical durante todo el recorrido.

Paloma

Una paloma es un salto sencillo. En estas secuencias puedes ver las fases del salto: el despegue, el vuelo sobre el caballo y el contacto con el suelo. Cuando empieces a practicarlo, descubrirás que cada salto puede dividirse en estas fases.

1 Empieza con una enérgica y rápida carrera hacia el trampolín. Después, lánzate con decisión sobre el trampolín con los dos pies juntos.

2 Lanza los brazos hacia delante y hacia arriba al tiempo que saltas desde el trampolín. Mantén el cuerpo derecho en el vuelo sobre el caballo.

Despega con un salto hacia arriba sobre los dos pies.

Debes mantener la cabeza entre los brazos.

Al despegar, deben tener los pies ligeramente adelantados al cuerpo.

Coloca las manos
Cuando entran en contacto con el caballo, debes colocar las manos separadas a la anchura de los hombros. Separa los dedos ligeramente para soportar mejor tu peso.

Caballo de saltos.

El muelle del trampolín tiene unos 18 cm de altura.

Para los gimnastas jóvenes, el caballo puede bajarse.

Salto femenino

Las mujeres siempre saltan a lo ancho del caballo. En las competiciones pueden saltar dos veces, pero sólo cuenta la puntuación superior. En la foto, la bielorusa Svetlana Boguinskaya realiza el salto Yurchenko, bautizado así, como muchos movimientos gimnásticos, con el nombre del gimnasta que lo realizó por vez primera. Desde esta altura completará el giro y se enderezará para efectuar una brillante salida.

Salto masculino

Los hombres siempre saltan a lo largo del caballo de saltos. En las competiciones sólo realizan una vez el salto elegido. En la foto, el ucraniano Valeri Liukin ejecuta el salto Kasamatsu. Una mano sigue a la otra sobre el caballo y el salto acaba con un giro.

Las manos dejan el caballo tan pronto como las piernas empiezan a bajar.

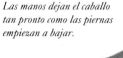

Con una buena tensión del cuerpo puedes realizar la figura de un arco frontal.

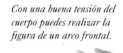

Mantén los brazos estirados por encima de la cabeza.

5 Estira el cuerpo cuando llegues al suelo. Cae sobre las puntas de los pies, bajando con rapidez los talones al suelo y flexionando las rodillas y los tobillos.

4 Cuando llegues al caballo, date impulso y estira todo el cuerpo para empezar el vuelo sobre el aparato.

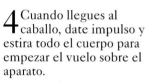

Estira el cuerpo.

Intenta ganar una buena distancia entre el caballo y tu punto de contacto con el suelo.

Una salida defectuosa te hará perder puntos.

Sin manos

Trata de darte impulso para alcanzar altura en el vuelo sobre el caballo. Intenta dejar espacio entre las manos y la parte superior del cabalo.

Saltos de competición

En una competición importante con el caballo de saltos, la puntuación de cada tipo de salto depende de la dificultad con que se realice. Un salto difícil con giros y saltos mortales puede merecer 10 puntos. Una voltereta sobre las manos se considera un salto sencillo y merece sólo 8,50 puntos. Incluso si la realizas perfectamente, no puedes lograr más de 8,50 puntos.

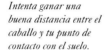

Flexiona las rodillas y empeines.

Contacta el suelo con los pies juntos.

La barra de equilibrio

STE APARATO se usa tan sólo en la gimnasia femenina.
En las competiciones, las gimnastas deben ejecutar una
secuencia de equilibrios, saltos, agilidades y giros. Cada
movimiento debe llevar con naturalidad al siguiente,
realizando tan sólo las pausas para sostener las posiciones de
equilibrio. Algunas de las habilidades pueden ser fáciles de
ejecutar a ras del suelo, pero se hacen mucho más difíciles
cuando se ejecutan en la barra y muchos gimnastas tienen
miedo. Tendrás que dedicar muchas horas a perfeccionar tu
técnica en el suelo para alzanzar la confianza suficiente para
moverte con naturalidad en los aparatos.

Puedes entrar por un lado o por un extremo de la barra.

Entradas y salidas
Hay muchas maneras de entrar a la barra de
equilibrio al empezar un ejercicio y otras
tantas al salir de ella y acabar. Para entrar,
puedes utilizar un trampolín, y en las
competiciones pueden darte puntos de
bonificación por la dificultad de una
entrada, al igual que por un salto mortal de
frente. Pero perderás puntos por una caída
por lo que es preferible ir sobre seguro.

Mantén la pierna bien alta y completa la figura en Y con el brazo libre.

Mantén los brazos a la misma altura.

En la barra de equilibrio
Cuando hayas practicado y domines ciertas habilidades
en el suelo, el próximo paso será trabajar en una barra
baja o un banco hasta que tengas confianza. Después
estarás preparada para moverte en una barra de ensayo
rodeada de colchonetas de seguridad que pueden
colocarse unas encima de otras hasta la altura de la barra
y quitarse gradualmente a medida que hagas progresos.

Mantén el equilibrio durante dos segundos.

Antes de ensayar equlibrios y saltos debes aprender a andar, girar y sentarte en la barra con soltura.

Extiende el pie.

No dejes que tu cuerpo gire.

Mantén la cabeza alta y los hombros hacia atrás.

Sentada en V
Un ejercicio en la barra
de equilibrio debe incluir
movimientos a ras de
barra, como esta figura.
Desde esta posición la
gimnasta puede
levantarse para hacer el
puente o tenderse para
hacer una voltereta
hacia atrás.

Equilibrio en Y
El elegante equilibrio en Y es
una figura difícil de mantener,
pero los equilibrios atractivos
son una parte importante de
los ejercicos de barra.
Mantener la cabeza alta y fijar
la mirada en un punto lejano
te ayudará a mantener el
equilibrio.

Agárrate a los lados de la barra con los dedos.

La dificultad del equilibrio puede aumentarse realizándolo sobre las puntas de los pies.

Barra de ensayo

A veces se usa una tira de espuma de color para marcar la anchura y la longitud de la barra de manera que las gimnastas puedan sentirse seguras y practicar movimientos a nivel del suelo.

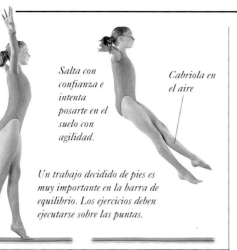

Salta con confianza e intenta posarte en el suelo con agilidad.

Cabriola en el aire

Un trabajo decidido de pies es muy importante en la barra de equilibrio. Los ejercicios deben ejecutarse sobre las puntas.

En las competiciones

Shannon Miller realiza en la barra un equilibrio en vertical. En las competiciones, los puntos se dan en función de la dificultad de los movimientos exhibidos, pero conviene no incluir los que no haces bien. Se restan puntos por falta de técnica y se puede perder medio punto por una caída.

Salto en W

Durante el ejercicio es importante exhibir una variedad de saltos y de brincos. El elegante salto en W es el favorito de los gimnastas en la barra de equilibrio.

Mantén la cabeza alta y la mirada fija en un punto lejano.

Series de saltos

Las competiciones importantes exigen una serie de dos o más saltos. Practica enlazando diferentes saltos, uno después del otro, sin pasos entre ellos.

Cuando saltes, intenta alcanzar la máxima altura posible.

2 La figura que dibujas en el aire define el tipo de salto que estás realizando. En el salto en W, una pierna se estira hacia delante horizontalmente con el talón del otro pie doblado hacia arriba.

3 Flexiona las rodillas para ayudarte a tomar contacto suavemente con el suelo, pero con estabilidad. Usa los brazos para ayudarte a mantener el equilibrio.

1 Intenta mantener una buena postura, con la cabeza alta y la espalda recta en todas las fases del salto. Empieza en una posición de equilibrio y, con un paso, levanta ambos pies.

Salida segura

En una competición, los jueces te darán mejor puntuación si haces una salida del caballo segura y estable. Te restarán puntos si vacilas o pierdes el equilibrio.

Flexiona las rodillas cuando te poses en el suelo, preparada para saltar de nuevo o iniciar tu próximo movimiento.

Gimnasia rítmica

LA GIMNASIA RÍTMICA es una especialidad de la gimnasia femenina. Si te gusta la parte de la gimnasia relacionada con la danza y el acompañamiento musical, disfrutarás aprendiendo habilidades rítmicas. El ejercicio rítmico se desarrolla en una pista cuadrada de 12 metros de lado. Las gimnastas realizan movimientos rítmicos con música mientras usan aparatos de mano. Al principio perderás mucho tiempo aprendiendo a usar los aparatos. Después, estarás preparada para lanzarlos y recuperarlos, y para realizar interesantes figuras acompañadas de baile, saltos, equilibrios, giros y una gran variedad de movimientos.

La abrazadera flexible evita que la cinta se enrede.

Cinta de satén

Mira siempre la cinta.

Mantén la cinta siempre en movimiento.

Levanta el brazo por encima de la cabeza.

La cinta tiene 7 m de longitud y va atada a una varilla.

Ejercicios con cinta

Se trata de un ejercicio muy atractivo de contemplar, mientras la cinta hace círculos y espirales alrededor de la gimnasta. Al mover mucho el brazo mantienes la cinta en movimiento constante. No debe tocar ninguna parte de tu cuerpo ni enredarse de ninguna de las maneras.

Estírate en un elegante arabesco manteniendo el equilibrio.

Abrazadera flexible

Aparatos

Hay cinco aparatos que con el tiempo deberás aprender a manejar. Para muchas gimnastas las mazas resultan difíciles, pero seguramente acabarás por aprender a usarlas.

Los balones deben tener entre 18 y 20 cm de diámetro y pesar 400 gramos.

Varilla

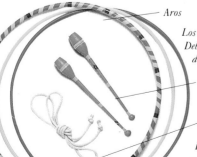

Aros

Los aros son generalmente de plástico. Deben tener entre 80 y 90 cm de diámetro.

Mazas de madera o de plástico.

Cuerda

La cuerda debe estar anudada en los extremos, pero no debe tener asideros. Su longitud depende de la altura de la gimnasta.

Trabajo en grupo

Como en la gimnasia rítmica, puedes trabajar sola o en un grupo de seis. En grupo se usan diferentes aparatos: en la foto, un equipo búlgaro está combinando aros y balones. El equipo está exhibiéndose en la posición final al acabar la serie.

Ejercicios con aro

Con el aro puedes crear muchos y vistosos movimientos. Puedes hacerlo girar alrededor del cuerpo, rodar con él en el suelo, lanzarlo al aire o saltar a través de él.

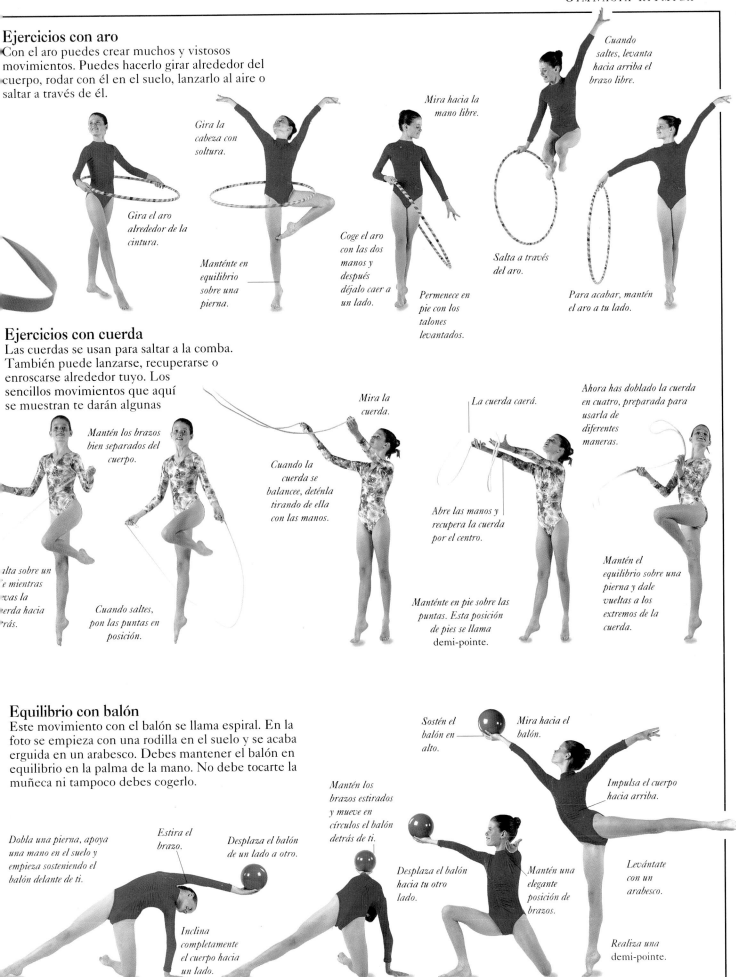

Gira el aro alrededor de la cintura.

Gira la cabeza con soltura.

Manténte en equilibrio sobre una pierna.

Mira hacia la mano libre.

Coge el aro con las dos manos y después déjalo caer a un lado.

Permenece en pie con los talones levantados.

Cuando saltes, levanta hacia arriba el brazo libre.

Salta a través del aro.

Para acabar, mantén el aro a tu lado.

Ejercicios con cuerda

Las cuerdas se usan para saltar a la comba. También puede lanzarse, recuperarse o enroscarse alrededor tuyo. Los sencillos movimientos que aquí se muestran te darán algunas

Mantén los brazos bien separados del cuerpo.

...lta sobre un ...e mientras ...vas la ...erda hacia ...rás.

Cuando saltes, pon las puntas en posición.

Cuando la cuerda se balancee, detenla tirando de ella con las manos.

Mira la cuerda.

La cuerda caerá.

Abre las manos y recupera la cuerda por el centro.

Manténte en pie sobre las puntas. Esta posición de pies se llama demi-pointe.

Ahora has doblado la cuerda en cuatro, preparada para usarla de diferentes maneras.

Mantén el equilibrio sobre una pierna y dale vueltas a los extremos de la cuerda.

Equilibrio con balón

Este movimiento con el balón se llama espiral. En la foto se empieza con una rodilla en el suelo y se acaba erguida en un arabesco. Debes mantener el balón en equilibrio en la palma de la mano. No debe tocarte la muñeca ni tampoco debes cogerlo.

Dobla una pierna, apoya una mano en el suelo y empieza sosteniendo el balón delante de ti.

Estira el brazo.

Inclina completamente el cuerpo hacia un lado.

Desplaza el balón de un lado a otro.

Mantén los brazos estirados y mueve en círculos el balón detrás de ti.

Desplaza el balón hacia tu otro lado.

Mantén una elegante posición de brazos.

Sostén el balón en alto.

Mira hacia el balón.

Impulsa el cuerpo hacia arriba.

Levántate con un arabesco.

Realiza una demi-pointe.

Deportes acrobáticos

LOS DEPORTES
ACROBÁTICOS son un
deporte gimnástico que tiene su
origen en los acróbatas circenses y en
los números de equilibrio que se ven en
exhibiciones y espectáculos. En la actualidad, se
practican dos modalidades: los ejercicios de equilibrio
y las acrobacias. En los de equilibrio necesitarás dominar
los saltos, los brincos, los giros y los movimientos
acrobáticos. También deberás aprender a trabajar con una
pareja o en grupo para lograr espectaculares posiciones de
equilibrio. Estos deportes se practican con música en un
cuadrado practicable de 12 metros de lado. Ambos incluyen
los elementos de   equilibrio y las habilidades
individuales.

Mantén el cuerpo derecho y estático.

Puedes emplear una gran variedad de posiciones de brazos. Mantén los brazos extendidos a ambos lados, hacia arriba o hacia delante.

Posición correcta
Muévete despacio y con firmeza hacia cada posición de equilibrio. Cuando estés perfectamente inmóvil, mantén el equilibrio como mínimo durante dos segundos.

Mantén los brazos estirados para sostenerte.

Mantén tu cuerpo en línea recta.

Estira la pierna posterior.

Separa ligeramente los pies.

Endereza las piernas.

Sostén a tu compañero por debajo de una de las rodillas y por el muslo de su pierna estirada.

Base y cima
En el trabajo en parejas, el gimnasta que está en el suelo se denomina base. El que es sostenido recibe el nombre de cima. En este sencillo equilibrio, la base soporta el peso de la cima con las rodillas y los brazos.

Entradas y salidas
Puedes hacer que tu trabajo sea interesante y atractivo usando imaginativas maneras de empezar y acabar las posiciones de equilibrio.

Repártete el peso de tu pareja entre las dos piernas.

Presiona la espalda y los brazos contra el suelo para estabilizar el equilibrio.

Equilibrio de la gacela
El equilibrio de la gacela muestra la esencia del ejercicio de las parejas mixtas. La elegancia y la gracia de la cima contrastan con la resistencia y la constancia de la base. Para lograr esta posición, la base dobla las piernas. Cuando la cima está colocada, la base endereza las piernas para levantarla en equilibrio.

Grupos de cuatro
Jóvenes y no tan jóvenes pueden competir en grupos de cuatro. En este grupo búlgaro, el que ocupa la posición central se sostiene sólo con los brazos, mientras el de la cima mantiene el equilibrio con un solo brazo.

Los equilibrios deben mantenerse durante dos segundos.

Los chicos deben trabajar en parejas o en grupos de cuatro.

Contrapeso

Un contrapeso tiene lugar cuando usas tu peso oponiéndolo al peso de tu pareja. Ambos debéis mantener una buena tensión del cuerpo a medida que os alejáis uno del otro. Cuando ensayes por primera vez este equilibrio, pídele a otra persona que ayude a la cima a colocarse en posición.

Mira a tu compañero.

Levanta el brazo en línea con tu cuerpo.

Una pareja de chicos ucranianos ejecuta un difícil equilibrio sobre un solo brazo.

No dejes que la cabeza se te incline hacia atrás.

Cogeos las manos con firmeza.

Mantén una buena tensión del cuerpo.

Inclínate hacia atrás.

Tres ejercicios

En las competiciones, los equipos realizan tres ejercicios. El primero se llama equilibrio, e incluye un determinado número de ellos. El ejercicio siguiente se llama tempo y en él la base lanza y recupera a la cima. El tercer ejercicio incluye el equilibrio y el tempo.

Flexiona las puntas.

Puedes variar este equilibrio usando diferentes posiciones de piernas.

Flexiona las rodillas.

Presa firme

Es imprescindible que los dos os agarréis firmemente. Cogeos de las manos y agarraos los dedos.

Mantén la espalda recta.

Separa los pies.

Las manos

Sostén los hombros de tu pareja con la palma de las manos.

Estira los brazos.

Equilibrio de espaldas

El equilibrio de espaldas es sencillo y estable. La base tiene buena parte del cuerpo en el suelo y la cima diversos puntos de apoyo. Desde esta posición, la cima debe mover las manos hacia los brazos o manos de su pareja y estirarse hasta mantenerse en equilibrio sólo sobre sus brazos.

Levanta la cabeza.

Extiende y levanta las piernas.

Presiona la espalda contra el suelo.

Tanto tus brazos y como los de tu pareja deben estar estirados y separados a la distancia de la anchura de los hombros.

Palma con palma

Sosténte con el contacto palma con palma y usa los dedos para aumentar el control.

Equilibrio carpado

Se trata de un equilibrio complicado que requiere mucha fuerza por parte de la base. La cima se sube en posición carpada con las piernas considerablemente estiradas y levantadas.

Permanece en pie con los pies separados para darte a ti mismo una buena base.

Trío de chicas

Las chicas pueden competir en grupos de tres. En la foto, un trío letón ejecuta un complejo equilibrio. Cada gimnasta está usando su peso para hacer contrapeso con los otros formando una sugerente figura.

Acrobacias

L AS ACROBACIAS son otra modalidad de los deportes gimnásticos y, al igual que los ejercicios de equilibrio, las practican tanto los chicos como las chicas. Los gimnastas o acróbatas trabajan en una pista practicable de 25 metros de longitud por 1,5 metros de anchura. En esta superficie realizan un ejercicio llamado acrobacia con manos. Los acróbatas avanzan en línea recta y aceleran para realizar una serie de rápidos ejercicios, enlazando uno detrás de otro sin detenerse. Para convertirte en acróbata, deberás empezar por dominar las habilidades gimnásticas básicas. Después, a medida que progreses, deberás trabajar rondadas y flic-flacs, así como saltos mortales y aprender a enlazarlos con otras agilidades.

Iniciando una acrobacia
Puede usarse un trampolín al comienzo de la acrobacia. Te ayudará a alcanzar mayor altura y dar velocidad al primer movimiento.

Acrobacia con manos

En la foto puedes ver dos diferentes acrobacias con manos. En las competiciones, cada acróbata realiza tres acrobacias individuales y debe incluir diferentes elementos en cada una de ellas.

Levanta la pierna trasera hacia arriba.

Da un paso con la pierna levantada.

Mantén las piernas juntas.

Aterriza sobre un pie.

1 Esta acrobacia empieza con una paloma.

Salta sobre las dos manos.

2 Date un fuerte impulso con las manos para levantarte del suelo.

3 Empieza acto seguido una rondada sobre la pierna libre.

Extiende hacia afuera la pierna libre.

Puntuación en las competiciones
Las puntuaciones de las tres acrobacias con manos se suman para completar un posible total de 30 puntos. Todas las acrobacias deben ir en una dirección desde el comienzo hasta el final. Si se produce una caída o se añade un paso de más, la acrobacia se da por terminada y no se suma ningún punto.

Trabaja con seguridad
Cuando ensayes habilidades acrobáticas, usa colchonetas de seguridad para amortiguar cualquier mala caída.

Abre los empeines.

2 Desde el despegue, dóblate en un salto mortal. Mantén los codos pegados al cuerpo.

Salta hacia arriba usando los brazos para ayudarte en el movimiento.

1 En la foto, la acrobacia empieza con un salto mortal hacia delante desde una rápida carrera.

Si te posas en el suelo sobre un pie, debes caminar hacia el próximo movimiento con la pierna libre. No des ningún paso de más ni hagas pausas.

Empieza posándote en el suelo sobre un pie.

Estira hacia afuera la pierna libre y levanta la otra.

Lanza la pierna posterior arriba.

3 Lánzate hacia una rondada con un largo paso hacia delante.

Mantén la cabeza entre los brazos.

Alcanza el suelo.

La rondada te permitirá hacer el próximo movimiento hacia atrás.

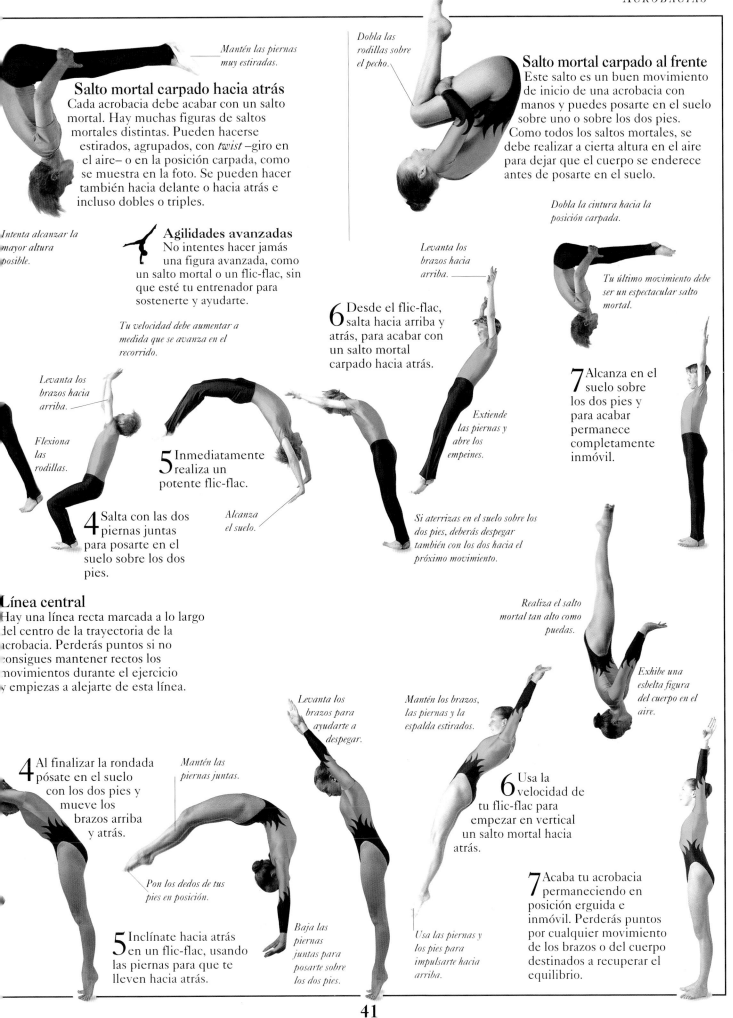

Salto mortal carpado hacia atrás

Mantén las piernas muy estiradas.

Cada acrobacia debe acabar con un salto mortal. Hay muchas figuras de saltos mortales distintas. Pueden hacerse estirados, agrupados, con *twist* –giro en el aire– o en la posición carpada, como se muestra en la foto. Se pueden hacer también hacia delante o hacia atrás e incluso dobles o triples.

Intenta alcanzar la mayor altura posible.

Agilidades avanzadas

No intentes hacer jamás una figura avanzada, como un salto mortal o un flic-flac, sin que esté tu entrenador para sostenerte y ayudarte.

Tu velocidad debe aumentar a medida que se avanza en el recorrido.

Levanta los brazos hacia arriba.

Flexiona las rodillas.

5 Inmediatamente realiza un potente flic-flac.

Alcanza el suelo.

4 Salta con las dos piernas juntas para posarte en el suelo sobre los dos pies.

Línea central

Hay una línea recta marcada a lo largo del centro de la trayectoria de la acrobacia. Perderás puntos si no consigues mantener rectos los movimientos durante el ejercicio y empiezas a alejarte de esta línea.

6 Desde el flic-flac, salta hacia arriba y atrás, para acabar con un salto mortal carpado hacia atrás.

Levanta los brazos hacia arriba.

Extiende las piernas y abre los empeines.

Si aterrizas en el suelo sobre los dos pies, deberás despegar también con los dos hacia el próximo movimiento.

Salto mortal carpado al frente

Dobla las rodillas sobre el pecho.

Este salto es un buen movimiento de inicio de una acrobacia con manos y puedes posarte en el suelo sobre uno o sobre los dos pies. Como todos los saltos mortales, se debe realizar a cierta altura en el aire para dejar que el cuerpo se enderece antes de posarte en el suelo.

Dobla la cintura hacia la posición carpada.

Tu último movimiento debe ser un espectacular salto mortal.

7 Alcanza en el suelo sobre los dos pies y para acabar permanece completamente inmóvil.

Realiza el salto mortal tan alto como puedas.

Exhibe una esbelta figura del cuerpo en el aire.

4 Al finalizar la rondada pósate en el suelo con los dos pies y mueve los brazos arriba y atrás.

Mantén las piernas juntas.

Pon los dedos de tus pies en posición.

5 Inclínate hacia atrás en un flic-flac, usando las piernas para que te lleven hacia atrás.

Baja las piernas juntas para posarte sobre los dos pies.

Levanta los brazos para ayudarte a despegar.

Mantén los brazos, las piernas y la espalda estirados.

Usa las piernas y los pies para impulsarte hacia arriba.

6 Usa la velocidad de tu flic-flac para empezar en vertical un salto mortal hacia atrás.

7 Acaba tu acrobacia permaneciendo en posición erguida e inmóvil. Perderás puntos por cualquier movimiento de los brazos o del cuerpo destinados a recuperar el equilibrio.

Competiciones

LOS GIMNASTAS, ellos y ellas, participan en las competiciones porque es un deporte bonito, dinámico y agradable de contemplar. Las competiciones deben estar organizadas de modo que se ajusten a los diversos grupos de edades y a todos los niveles. Si te apetece competir, tienes muchas oportunidades de hacerlo en todas las modalidades de la gimnasia. En el nivel de principiante también puedes competir y ganar premios. Después, puede interesarte participar en competiciones entre la entidad o club al que perteneces y otros clubes. De este modo podrás progresar gradualmente y competir con gimnastas más experimentados. En el nivel más alto, hay competiciones nacionales e internacionales. Muy pocos gimnastas alcanzan este nivel, pero si conoces en alguna medida los más importantes certámenes, sabrás que son algo excitante.

Danza, drama y dinamismo
Shannon Miller utiliza su talento para la danza, los gestos dramáticos y su dinámica agilidad para destacar en los ejercicios de suelo.

Normas y reglamento
Para todos los países, la *Fédération Internationale de Gymnastique* (FIG) es la que regula la gimnasia artística y rítmica. La FIG redacta un «Código de puntuación», que es el reglamento para todos los eventos artísticos y rítmicos de alto nivel, como los Juegos Olímpicos o los Campeonatos del Mundo. Los deportes acrobáticos –también llamados de ornamentación– no son todavía olímpicos y tienen su propio órgano regulador, la *International Federation of Sports Acrobatics* (IFSA), que determina las reglas de este deporte.

Programa de competiciones
Durante el año, cada país organiza sus propias competiciones. De cada uno de ellos son seleccionados los mejores gimnastas para formar parte de los equipos senior o júnior nacionales. Además, cada país tiene un programa de competiciones internacionales en las que participan, tanto en casa como en el extranjero. Incluso a nivel internacional algunos certámenes están organizados para que participen grupos de diferentes edades. Hay competiciones para equipos senior, para equipos menores de 15 años e incluso para menores de 12.

Las grandes competiciones internacionales

Juegos Olímpicos
Se celebran cada 4 años e incluyen gimnasia artística i rítmica.

Campeonatos del Mundo de Gimnasia Artística
Se celebran cada año, pero el evento incluye competiciones individuales o por equipos, que se celebran en años alternos.

Campeonatos del Mundo de Gimnasia Rítmica
Este evento se celebra cada año.

Campeonatos del Mundo de Deportes Acrobáticos
Este evento se celebra cada año.

Campeonatos del Mundo Juveniles
Existen diferentes campeonatos para cada una de las disciplinas gimnásticas y se celebran cada dos años.

Universiada o Juegos Universitarios
Esta competición se celebra cada dos años e incluye gimnasia artística y rítmica.

Mundiales Escolares
Este evento se celebra cada dos años e incluye gimnasia artística y rítmica.

Jueces y jurado
En la mayoría de las competiciones artísticas hay seis jueces y un asesor técnico para observar cada ejercicio. A cada movimiento del ejercicio se le da una puntuación dependiendo de su dificultad al ejecutarlo.

Los jueces se sirven de símbolos como éstos como una manera rápida de apuntar los movimientos que ven en un ejercicio.

Doble giro

Salto con inversión

Arabesco

El asesor técnico suma la valoración de todos los movimientos, su contenido y los posibles puntos de bonificación, y comunica a los jueces la máxima puntuación que pueden dar si el ejercicio ha sido ejecutado perfectamente. De esta puntuación, los jueces restan puntos por los errores que han podido observar durante el ejercicio.

Vertical

Rueda

Inversión atrás

Salto carpa

Rítmica
En una competición rítmica importante hay dos mesas con seis jueces que califican el contenido técnico del ejercicio en una mientras los otros seis de la otra mesa juzgan la ejecución.

Deportes acrobáticos
En las acrobacias y los equilibrios, los competidores realizan tres ejercicios para alcanzar un posible total de 30 puntos. Hay seis jueces, pero la puntuación más alta y la más baja no cuentan. La puntuación dada a cada ejercicio es el promedio de las otras cuatro puntuaciones.

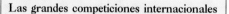

En los Campeonatos del Mundo de 1993 celebrados en Birmingham, Gran Bretaña.

Medallistas
Shannon Miller en el podio con la medallista de plata, la rumana Gina Gogean, y la medallista de bronce, la ucraniana Tatiana Lisenko.

Glosario

Durante las clases de gimnasia o cuando veas gimnasia, te será de gran utilidad entender algunas de las siguientes palabras y expresiones.

A

Acrobacias. Serie de agilidades gimnásticas enlazadas en un recorrido continuo, sin pausas ni pasos extra entre dos movimientos.

Agilidad. Movimiento gimnástico de carácter acrobático, como una rueda, distinto a los movimientos de danza o a los saltos.

Agrupada. Posición en la que doblas las rodillas sobre el pecho.

Aparatos. Los elementos con que trabajan los gimnastas o usan los gimnastas de gimnasia rítmica.

Asesor técnico. También conocido como técnico experto o colaborador técnico. Una persona que comunica a los jueces la máxima puntuación posible para cada ejercicio en función del «Código de puntuación».

Asimétricas. Cuando dos partes de un todo no son idénticas. Las dos barras de las paralelas asimétricas están, por ejemplo, a diferente altura.

B

Base. Nombre que se da al gimnasta que aguanta el peso de otro, o de otros, en los deportes acrobáticos.

C

Calentamiento. La preparación imprescindible al comienzo de toda sesión de entrenamiento para evitar lesiones. Los ejercicios de calentamiento aceleran el latido del corazón, aumentan el ritmo de la respiración y desentumecen articulaciones y músculos, preparándolos para trabajar.

Calleras. Protectores de cuero que protegen las manos cuando trabajas en las barras.

Carbonato magnésico. Polvo con el que algunos gimnastas se empolvan las manos y los pies para evitar resbalar.

Carpada. Posición en la que el cuerpo y las piernas forman una figura de V cuando levantas las piernas hacia arriba y estiradas, ya sea juntas o en pídola. Salto carpado.

Carrera de impulso. Empieza con una enérgica y rápida carrera por el corredor de aceleración y acaba con el salto sobre el trampolín con los dos pies juntos.

Cima. Nombre que recibe el gimnasta que es soportado por la base en los deportes acrobáticos.

Código de puntuación. Reglamento redactado por el FIG para entrenadores, jueces y gimnastas en el que están escritas las normas de competición.

D

Demi-pointe. Término usado en gimnasia rítmica que significa «sobre las puntas».

Deportes acrobáticos. Una modalidad de gimnasia para chicos y chicas que incluye el equilibrio en parejas, tríos y cuartetos, así como las acrobacias. Ornamentación.

Disciplina. La gimnasia rítmica y artística, así como los deportes acrobáticos, son todos deportes gimnásticos o disciplinas.

E

Ejecución. Lo bien o diestramente que puede realizarse un ejercicio.

Ejercicios de equilibrio. Los ejercicios de deportes acrobáticos que acompañan a los equilibrios sostenidos.

Ejercicios obligatorios. Ejercicios determinados por el órgano regulador que deben ejecutarse idénticos a como se han descrito.

Ejercicios voluntarios. Ejercicios que los gimnastas eligen realizar en una competición.

Elemento. Movimiento gimnástico o parte esencial de un ejercicio.

Entrada. La manera como subes a los aparatos. Puede ser un complicado y atrevido movimiento que te proporcione puntos de bonificación.

Equilibrio. Posición equilibrada que mantienes inmóvil durante un instante.

Extensión. Estirarse hasta el máximo.

F

Fédération Internationale de Gymnastique (FIG), órgano regulador de la gimnasia artística y rítmica mundial.

Flexibilidad. La habilidad para doblar todas las partes del cuerpo, y además con músculos fexibles.

Flexionar. Doblar de una manera determinada.

G

Gimnasia rítmica. Una modalidad de gimnasia sólo para chicas en la que se usan aparatos de mano y que combina danza y movimientos gimnásticos.

Gimnasia artística. Un deporte competitivo para chicas y chicos en el que se realizan ejercicios en aparatos gimnásticos.

I

International Federation of Sports Acrobatics (IFSA), órgano regulador de las disciplinas gimnásticas.

Inversión atrás. Es alcanzar una vertical con apoyo sobre las manos, tanto hacia delante como hacia atrás.

L

Línea. La figura que se hace colocando de

un modo determinado el cuerpo y las extremidades.

M

Marcador electrónico. Aparato con el que los jueces registran las puntuaciones para transmitirlas a un ordenador central.

P

Pídola. Posición con las piernas estiradas y considerablemente separadas.

Pirueta. Vuelta o giro que puede hacerse sobre las manos o los pies.

Postura. El porte del cuerpo o el modo en que te sostienes.

Puntos de bonificación. Puntos extra que dan los jueces a algunos movimientos muy difíciles o a combinaciones de movimientos.

R

Rebote. Rebotar desde algo, como un trampolín.

Resistencia. Aguante o habilidad para realizar ejercicios muchas veces sin cansarte.

Rutina. Una serie completa que abarca todos los movimientos habituales.

S

Salida. El movimiento que se realiza al finalizar un ejercicio.

Salto mortal. Completa rotación del cuerpo que tiene lugar en el aire.

Serie. Una serie de movimientos gimnásticos enlazados por la danza y los saltos.

Simétricas. Cuando los dos lados o partes de un todo son idénticos. El salto de la estrella forma una figura simétrica.

Soltar y coger. Término usado para describir cómo te sueltas de la barra fija, realizas un movimiento en el aire y te coges de nuevo a ella.

T

Técnica. El método o modo con el que realizas una habilidad gimnástica.

Tempo. El ejercicio acrobático en el cual un gimnasta es lanzado al aire por otro.

Tensión del cuerpo. Contracción de los músculos sin una variación visible en la figura del cuerpo.

V

Vuelo. Movimiento en el aire hacia o desde los aparatos, o en movimientos acrobáticos.

Índice

Direcciones útiles

A continuación se incluyen las direcciones de algunos de los clubes y entidades gimnásticas que pueden resultarte de utilidad.

Federación Española de Gimnasia
María de Molina, 60
28006 Madrid

Federación Vasca de Gimnasia
Pintor Díaz de Olano, 1
01003 Vitoria

Federació Catalana de Gimnàstica
Gimnàs La Foixarda
Camí de la Foixarda s/n
08038 Barcelona

Federación Valenciana de Gimnasia
Avda. Peris y Valero, 42, 10º
46006 Valencia

Federació Balear de Gimnàstica
Pedro Alcántara Peña, 13
07006 Palma (Mallorca)

Federación Gallega de Gimnasia
Pabellón Polideportivo
Estrada de Ganda s/n
15407 Narón (La Coruña)

Cheryl

Lucy

Ben

Adam

Becky

Chloe

Nick

Agradecimientos

Dorling Kindersley desea expresar su agradecimiento a las siguientes personas por su ayuda en la producción de este libro.

A todos los jóvenes gimnastas por su entusiasmo y paciencia durante las sesiones fotográficas. A Clem Malcolmson, de Woking Gymnastic Club, Surrey, que nos facilitó a los gimnastas artísticos y el escenario. A todo su equipo, en especial a Sue James, por sus consejos y aportación desinteresada. A Jan y Tony Wills del King Edmund Gym Club, Yate, Bristol, por su ayuda en el capítulo de los deportes acrobáticos y facilitarnos los acróbatas deportivos. A Catherine Smith de la Spelthorne School of Gymnastics, Ashford, Middlesex, por

sus consejos y aportación en la gimnasia rítmica. A Patsy Burrell de Burrell Designs, que confeccionó los mallots. A Bernadette Crowley, Linda Martin y Susan Peach por su ayuda editorial. Y a Steve Whitlock de la US Gymnastics Federation.

Créditos de las fotografías:
a arriba; *b* abajo; *c* centro; *d* derecha; *i* izquierda.

Allsport/Gerard Vandystadt 33ac; Mary Evans 9cd, 9ci; Gymnova 10bi; Mansell

9ai, 9ad; Felipe Sánchez Monsivais 8bd; Sporting Pictures 8bi, 20ad, 35ad; Supersport/Eileen Langsley 8bc, 8ai, 12ci, 12ad, 12cd, 13cia, 13cda y 13a, 15ai, 15cd, 22ci, 27ad, 29bi, 33ad, 36bd. Cubierta: Cary Garrison (Edmond Oklahoma, USA) ad. Contracubierta: Supersport/Eileen Langsley bd.

Editorial Molino quiere agradecer especialmente al señor Mariano Cortés, director y preparador físico del gimnasio Raspall de Barcelona su ayuda en la preparación de la traducción.